FOIRE DE HANOI

1925

乙丑年

SIÈGE: CHAMBRE DE COMMERCE DE HANOI

Headquarters: Chamber of Commerce of Hanoi

正矻在河內商房

LA SEPTIÈME
FOIRE DE HANOI

SE TIENDRA CETTE ANNÉE
DU 29 NOVEMBRE AU 13 DÉCEMBRE
1925

INDOCHINE, MÉTROPOLE & COLONIES
STRAITS-SETTLEMENTS, INDES NÉERLANDAISES,
ILES PHILIPPINES, SIAM, HONG-KONG,
CHINE, JAPON, CORÉE, MACAO

SIÈGE :
CHAMBRE DE COMMERCE DE HANOI

FOIRE DE HANOI. — Vue générale.

FOIRE DE HANOI

INSTITUTION PLACÉE SOUS LE HAUT PATRONAGE
DU GOUVERNEUR GÉNÉRAL DE L'INDOCHINE
ET DES CHAMBRES DE COMMERCE ET
D'AGRICULTURE DU TONKIN

SIÈGE — CHAMBRE DE COMMERCE — HANOI

COMITÉ D'HONNEUR

PRÉSIDENT :

M. le Résident Supérieur au Tonkin.

MEMBRES :

MM le Président de la Chambre de Commerce de Haiphong ;
le Président de la Chambre d'Agriculture du Tonkin et
du Nord-Annam ;
le Résident-maire de la Ville de Hanoi ;
le Résident-maire de la Ville de Haiphong ;
le Résident-maire de la Ville de Nam-dinh ;
le Résident-maire de la Ville de Haiduong.

MEMBRES HONORAIRES :

MM. le Consul de Belgique au Tonkin, Hanoi ;
le Consul du Japon au Tonkin, Haiphong ;
le Consul de Portugal au Tonkin, Hanoi ;
le Vice-Consul d'Angleterre au Tonkin, Haiphong.

CONSEIL D'ADMINISTRATION

Président :

M. CH. GRAWITZ, Président de la Ch. de Comm. de Hanoi (en mission en France).

Vice-Président :

M. PERROUD, Membre de la Chambre de Commerce de Hanoi.

Secrétaire-Trésorier :

M. LARRIVÉ, J., Membre de la Chambre de Commerce de Hanoi.

Membres :

MM. BARRY, Membre de la Chambre de Commerce de Hanoi ;

BELLONNET, Membre du Conseil municipal de la Ville de Hanoi ;

BARBOTIN, Membre de la Chambre de Commerce de Haiphong :

DELAYE, Membre de la Chambre de Commerce de Hanoi ;

DEMOLLE, Membre de la Chambre de Commerce de Hanoi ;

MARCHAND, Membre de la Commission municipale de Nam-dinh ;

GIRODOLLE, Membre du Conseil municipal de Haiphong ;

DIBON, Directeur des Grands Magasins Réunis ;

LAGISQUET, CH., Architecte ;

LE ROY DES BARRES, Membre de la Chambre d'Agriculture du Tonkin et du Nord-Annam ;

DE LOUVENCOURT, Membre de la Ch. de Comm. de Hanoi ;

BACH-THAI-BUOI, Membre de la Ch. de Comm. de Haiphong :

DO-THAN, Membre du Conseil municipal de la Ville de Hanoi;

LÊ-THUAN-KHOAT, Membre de la Chambre de Comm. de Hanoi;

NGUYÊN-DINH-PHUC, Industriel, Exportateur, Hanoi ;

SON-XUAN-HOAN, Directeur Gérant de la Société Quang-hung-Long, Hanoi ;

VU-NGOC-HOANH, Membre de la Chambre d'Agriculture du Tonkin et du Nord-Annam.

COMITÉ DE DIRECTION

MM. Ch. Grawitz, Président du Conseil d'Administration (en mission en France)
Perroud, Vice-Président
Le Roy des Barres, Membre
Demolle, Membre
De Louvencourt, Membre
Do-Than, Membre

COMMISSARIAT DE LA FOIRE

□

COMMISSAIRE-DÉLÉGUÉ :
M. H. Nervo
Secrétaire de la Chambre de Commerce de Hanoi.

□

CHEF DU SECRÉTARIAT :
Mᴵᴵ Y. Bleton

□

SIÈGE

CHAMBRE DE COMMERCE DE HANOI

TÉLÉPHONE Nº 464
CODE LUGAGNE 1914

FRANCE

Pour tous renseignements concernant la Foire, s'adresser à
l'Agence Économique de l'Indochine,
20, rue La Boëtie. — PARIS

FOIRE DE HANOI 1924

☐ ☐ ☐

RAPPORT
SUR LES RÉSULTATS DE LA FOIRE

En dépit des nombreuses difficultés auxquelles il se heurta, le Comité sut mener à bien l'organisation de la présente Foire.

La mise à exécution du programme arrêté pour l'année 1924 comportait un point très délicat.

Il s'agissait de décider les exposants étrangers des Pays avoisinant l'Indochine à participer à la Foire de Hanoi.

Le Comité peut se féliciter du résultat obtenu, et il faut espérer que dans les années qui suivront — le courant étant créé — les exposants étrangers assisteront toujours plus nombreux à notre manifestation économique.

Grâce aux subventions qui lui furent accordées, le Comité put boucler son chapitre « Exploitation », car malgré ses efforts et un relèvement sensible dans les prix de location des stands, il reste avéré que la Foire de Hanoi ne peut vivre de ses propres ressources.

Pendant quelques années encore, il lui faudra donc compter sur l'aide de ceux qui s'intéressent à son développement.

Pour mener à bien notre œuvre, nous avons besoin de l'appui moral et financier du Gouvernement, des différents

Pays de l'Union, des Assemblées Consulaires et des Municipalités.

L'un et l'autre nous ont été donnés largement.

M. le Gouverneur général Merlin voulût bien consentir au Comité une avance de 60.000 $ pour la construction de six nouveaux Pavillons, construction qui s'imposait en raison du développement de la Foire.

La spontanéité avec laquelle, sur notre demande, M. le Gouverneur de la Cochinchine, MM. les Résidents supérieurs au Tonkin et en Annam, MM. les Présidents des Chambres de Commerce du Tonkin, les Municipalités de Haiphong et Hanoi répondirent à notre appel est la preuve irréfutable de la sympathie dont jouit notre manifestation économique qui, créée en 1918 par M. Pasquier, actuellement Résident supérieur en Annam, donne aujourd'hui de si légitimes motifs de satisfaction.

Que chacun trouve ici le témoignage de notre reconnaissance et de nos plus vifs remerciements car nous avons pu, avec l'aide qui nous a été apportée, mener notre exploitation à bien et construire les nouveaux Pavillons qui donnent à la Foire un aspect harmonieux et digne du but qu'elle tend à atteindre.

C'est avec juste raison qu'il faut lire « qu'elle tend à atteindre » car bien qu'elle soit à sa sixième année d'existence, elle ne peut espérer un développement comparable aux grandes Foires de la Métropole dont elle diffère sur beaucoup de points.

Car, si la Foire de Hanoi a pour but de faire connaître à la Colonie les produits présentés par les exposants locaux, métropolitains et étrangers des Pays avoisinant l'Indochine, et si elle met ces derniers à même de se rendre compte des richesses du Pays et de ses possibilités tant en produits manufacturés qu'en matières premières, elle ne peut oublier qu'elle se doit surtout d'éduquer l'indigène et c'est ce qui lui donne son caractère un peu spécial.

La Foire doit être un stimulant pour les industriels et les artisans indigènes qui doivent s'appliquer à produire des objets manufacturés susceptibles d'être utilisés tant par la consommation locale que par l'exportation.

Il a été reproché au Comité de n'avoir pas été assez sévère à l'égard de certains exposants indigènes.

La critique est toujours aisée.... mais le Comité est obligé de tenir compte de la mentalité des indigènes et ce n'est que petit à petit et par une réglementation de plus en plus sévère qu'il lui sera possible d'éliminer les exposants qui transportent leurs magasins de la Ville dans les stands qu'ils ont loués.

Ce n'est que progressivement que les indigènes arriveront à comprendre que seuls des échantillons de leurs produits ou de leur fabrication doivent être exposés.

Aussi bien n'exposeraient-ils actuellement que des échantillons, que bien peu d'entre-eux seraient en mesure de prendre des engagements en vue de la fourniture d'articles déterminés dans les délais fixés par l'acheteur.

Cette année, le Comité intensifia sa propagande aussi bien dans la Métropole que dans les Pays étrangers avoisinant l'Indochine.

Il a été envoyé dans la Métropole (toutes Chambres de Commerce, Groupements commerciaux et industriels) :

500 affiches et 1.200 plaquettes de propagande sans compter les nombreuses circulaires donnant tous renseignements utiles quant au règlement.

Les envois effectués dans les Pays étrangers : Japon, Indes Néerlandaises, Chine, Straits Settlements, Corée, Siam, s'élèvent à 2.000 affiches, et 2.800 plaquettes de propagande (français-anglais).

Par ailleurs de la publicité a été faite dans les journaux de la Métropole, de la Chine et des Indes Néerlandaises.

Cette propagande ne peut donner de résultats immédiats, il faut que dans la Métropole et les Pays étrangers, la Foire de Hanoi soit connue et elle commence *seulement à l'être*.

Nos efforts ont été secondés par les Chambres de Commerce françaises à l'étranger notamment par celles des Iles Philippines et du Japon.

M. Royer, notre Attaché Commercial à Tokio, s'entremit auprès des Chambres de Commerce Japonaises en vue de la participation de leurs ressortissants à la Foire de Hanoi.

Il fit, à cet effet, éditer un magnifique album.

Qu'il reçoive ici les félicitations bien sincères du Comité.

Certains de nos Consuls ont été très actifs, entre autres, le Consul de France à Manille.

Notre Catalogue Officiel a été comme précédemment très goûté du Public. 5.000 exemplaires ont été envoyés tant dans la Métropole que dans les Pays cités plus haut.

Désireux de développer pour 1925 son service de propagande, le Comité étudie actuellement la possibilité de créer en France des Sous-Comités.

A cet effet, les Chambres de Commerce de Marseille, Paris, Lyon, Bordeaux, Le Havre, Dunkerque, seront pressenties.

Les Exposants métropolitains sont encore hésitants ; cela s'explique du fait que notre manifestation économique, comme déjà mentionné, commence seulement à être connue.

D'autre part, l'irrégularité des services maritimes entre la France et le Tonkin est une très grosse gène.

La rupture de charge qui se produit à Saigon pour les marchandises embarquées sur les navires de la ligne du Japon est désastreuse.

Des Exposants métropolitains n'ont pu ouvrir leurs stands le jour de l'inauguration de la Foire en raison du manque de marchandises qui, cependant, avaient été expédiées de France en temps opportun.

Le Japon, les Iles Philippines et le Yunnan répondirent à l'appel du Comité et participèrent officiellement à la Foire.

De Chine vint un Commerçant de Tchéfou.

La Maison Monod Feller établie à Bangkok nous adressa par l'intermédiaire de la Maison Denis Frères d'Indochine un lot d'échantillons de paddys, de wolfram et d'étain ainsi que divers bois commerciaux.

Des pourparlers engagés avec une grosse firme de Singapore n'aboutirent pas.

Sous les auspices de la Chambre de Commerce de Tokio, le Japon retint 10 stands dans lesquels 18 importantes firmes japonaises exposèrent.

Les principaux articles présentés au Public furent les suivants :

Feuilles d'or et d'aluminium — perles artificielles — bracelets en verre — tissus de soie, de coton, etc. — porcelaines, faïences et satsuma — jouets et nouveautés — maroquinerie — objets en nickel, antimoine — marqueterie — produits en caoutchouc — articles émaillés — bonneterie, toiles, mousselines — articles en celluloïd — confiserie, biscuiterie — cotonnades — parapluies, ombrelles, parasols — crayons — verrerie — articles en lin et en chanvre — toile pour avions — tuyaux pour pompes à incendie — toile à voile, toiles de coton — crêpe de coton — tapis — tissus et fils de coton — tissus de coton blanc et couleur imprimés et croisés — bijouterie, orfèvrerie — porte-mine à mine pointue en argent pur, en nickel, etc...

Le Gouvernement des Iles Philippines participa officiellement à la Foire et envoya deux délégués du Bureau du Commerce et de l'Industrie de Manille.

De nombreux produits furent exposés, notamment des textiles, cigares, cigarettes, eaux minérales, chapeaux, biscuits, boissons gazeuses, bois commerciaux, confiserie, chanvre, confitures, conserves de fruits, dentelles, huile de coco, nattes, instruments de musique, produits distillés, tabacs, objets en coquillage (lustrerie), etc...

La participation du Yunnan se fit sous les auspices du Gouvernement Yunnanais, de la Chambre de Commerce Française du Yunnan et du Délégué du Ministère des Affaires Etrangères à Yunnanfou.

Elle groupa une trentaine d'exposants qui présentèrent des : pelleteries, porcelaines, objets en étain, jade, cuivres, bronzes, ivoires, antiquités, tapis, couvertures.

Il y a lieu, pour un premier début, de se montrer satisfait et bien que notre tarif douanier actuel risque d'apporter une gène dans les transactions qui seront susceptibles de s'établir avec nos voisins, nous voulons toutefois espérer que nos efforts n'auront pas été vains et que le mouvement d'affaires qui s'est amorcé au cours de cette Foire n'aura pas le caractère passager que d'aucuns veulent lui reconnaître.

Les Pays de l'Union ont, comme précédemment, fourni un gros effort notamment en ce qui concerne le Laos et l'Annam.

Pour la première fois, le Laos exposait un lot fort intéressant de textiles représentant plusieurs tonnes.

Les textiles retinrent l'attention de quelques industriels.

Le Public put se convaincre des possibilités futures, des ressources inépuisables que renferme cet immense Pays, ressources qui ne pourront être mises en valeur que le jour où des moyens de communications pratiques le relieront à la côte.

Par ailleurs, il y a lieu de mentionner les échantillons de sticklaque, autre richesse forestière ainsi que ceux de tabacs de différentes espèces qui trouveront un débouché certain avec la Manufacture de Hanoi.

A noter également les échantillons de diverses céréales, épices, cafés, matières grasses, oléagineux, résines, gommes, produits tinctoriaux, bois et produits du sous-sol.

Les écharpes laotiennes remportèrent leur succès habituel et furent très appréciées du Public qui se les disputa parfois un peu vivement.

Le Protectorat de l'Annam avait également bien fait les choses et l'aménagement du Pavillon était différent des autres années.

L'on se trouvait en présence non d'un stand d'exposition mais d'un réel Pavillon de Foire où les visiteurs pouvaient d'un coup d'œil se rendre compte des possibilités de production de l'Annam.

Les principaux articles exposés comprenaient :

Du coton, sticklaque, tabacs, broderies, crépons, satins, soies, des jarres et poteries, des bois sculptés, des sandales de Hué, cannelle, saumure et poissons séchés, des objets en fonte et en cuivre à l'usage des indigènes, des nattes, cordes, éventails, fibres et textiles.

A noter qu'une maison française, la Maison Fiard de Tourane avait chargé le Délégué de l'Annam de représenter les thés de sa fabrication.

Le Pavillon de l'Annam a surtout traité des affaires avec les indigènes dont on prévoit un accroissement marqué pour 1925.

Le Pavillon de la Cochinchine exposait des paddys, meubles en rotin, nattes en jonc, objets en écaille de tortues, en jais — des bijoux de Sadec, de l'outillage agricole, des soies, satins, filés de soie, des bronzes et cuivres d'art, de la céramique ainsi que diverses collections du Service forestier de la Cochinchine et du Laboratoire de Génétique.

Remarque importante :

Les exposants particuliers qui avaient confié la représentation de leur maison au Délégué de la Cochinchine étaient plus nombreux que les années précédentes et des relations ont été amorcées entre la Banque de l'Indochine et divers établissements industriels représentés.

Le Pavillon du Cambodge remporta son succès accoutumé et les visiteurs ne tarirent point d'éloges sur la façon artistique dont les articles et produits de ce Pays furent présentés.

Il convient de dire que certains articles s'y prêtent particulièrement, les sampots continuent d'avoir la même vogue et représentent un chiffre d'affaires de plus en plus important.

La Section poissons salés tend à prendre de l'extension.

Certains abus s'étant produits quant aux articles achetés dans les Pavillons des Pays de l'Union avant l'ouverture de la Foire, le Comité de Direction décida d'interdire l'accès des terrains au Public.

En conséquence du 21 au 30 novembre et jusqu'après l'inauguration officielle, seules avaient accès dans l'enceinte de la Foire les personnes munies soit d'un laisser-passer soit d'une carte d'invitation.

Cette mesure souleva quelques objections mais le Public comprit par la suite qu'il était nécessaire qu'il y eût de l'ordre et se rendit compte que cette décision n'avait été prise que dans l'intérêt général même de la Foire.

Certaines provinces du Tonkin, sous l'impulsion de leurs Résidents, poursuivent avec fruit leurs efforts.

Indépendamment des Provinces de Namdinh, Hadong, Son-tày et Hung-yèn, la province de Haiduong exposait pour la première fois.

Les provinces, satisfaites du résultat obtenu, ont décidé d'augmenter pour 1925 le nombre de leurs stands.

Nous nous plaisons à rendre ici hommage à l'esprit d'initiative des Résidents de ces Provinces, qui stimulent et encouragent l'indigène à produire.

Le Concours avec Primes institué par le Comité pour récompenser certaines Industries locales et indigènes a permis de constater combien l'évolution commerciale est lente chez ces dernières.

A ce Concours ne sont admis, en principe, que les articles répondant aux besoins du Commerce et de l'Industrie.

Or, il nous fut permis de voir une importante fabrique de céramique exposer non pas des articles industriels qu'elle fabrique couramment mais quelques soi-disant objets artistiques plus ou moins bien façonnés et d'un goût douteux.

Cette maison ne fut pas la seule à commettre la même erreur.

Le Jury se montra très sévère et les primes décernées furent peu importantes.

Au dire de certains, le chiffre des affaires traitées à la Foire devait être de beaucoup au-dessous de celui de l'année dernière.

Cette estimation était basée sur la soi-disant diminution du nombre des visiteurs.

Ce fût une erreur car il importait de tenir compte que les constructions des nouveaux bâtiments augmentaient sensiblement la superficie des terrains de la Foire et de ce chef, les visiteurs se trouvaient dissiminés sur un espace beaucoup plus grand.

A remarquer que ce fût pendant les 4 ou 5 jours que la Foire parût la moins animée que les véritables affaires se traitèrent.

Comparativement aux chiffres de 1923, le chiffre de cette année n'est inférieur que de 118.934 fr. 10, différence presque insignifiante mais que nous tenons à indiquer pour la clarté et la sincérité de notre compte-rendu.

Les indigènes, enracinés dans leurs méthodes, commirent la même faute que les années précédentes et malgré les conseils qui leur furent prodigués maintinrent leurs prix de vente lesquels étaient beaucoup trop élevés.

Par ailleurs le taux de la piastre restreignit les achats chez les Européens.

Côté indigènes 'es inondations qui dévastèrent plusieurs riches provinces diminuèrent vraisemblablement leur capacité d'achat.

Les chiffres ci-dessous représentent le montant total et

sincère des transactions tant à terme qu'au comptant qui se sont effectués au cours de la présente Foire, résultant des déclarations qui nous ont été remises par les exposants eux-mêmes.

Toutefois, il y a lieu de noter que les indications fournies par les maisons indigènes sont certainement au-dessous de la réalité, car celles-ci — d'après les renseignements que nous avons obtenus — craignent que le Comité ne perçoive par la suite une taxe sur leurs chiffres de ventes ou qu'en raison des déclarations faites, le prix de location des stands soit encore augmenté.

Ceci dit le montant des transactions tant à terme qu'au comptant qui se sont effectuées au cours de la Foire de 1924 s'est élevé à :

$$135.015\ \$\ 49 \text{ et } 2.014.220\ \text{fr.}\ 00$$

135.015 $ 49 au taux moyen de fr. 10,14   1.369.057   07

Total . . . .   3.383.277 fr. 07

En 1923, le montant des transactions évalué en francs s'était élevé à . . .   3.502.211 fr. 24

Pour l'année 1924 le relevé des fiches accusant après conversion un total de francs 3.383.277   07

La différence en moins pour 1924 est donc de. . . . .   118.934 fr. 17

Le chiffre d'affaires des Pavillons particuliers est le suivant :

Cambodge. . . . .   12.000 $ contre   20.000 $ en 1923
Cochinchine. . . .   4.020   —   3.000   en 1923
Annam. . . . . . .   5.514   —   3.900   en 1923
Laos . . . .   4.500   —   2.695   en 1923

Total. . .   26.034 $ 29.599 $

L'on remarquera que le montant des transactions effectuées dans les Pavillons de l'Annam, de la Cochinchine et du Laos est en progression.

La moins-value des affaires traitées au Cambodge provient non d'une diminution de la clientèle mais de ce que la quantité d'articles apportés est moins importante qu'en 1923.

Les exposants indigènes y compris ceux figurant dans les expositions particulières des Pays de l'Union et des Provinces du Tonkin étaient au nombre de. 1.716

Le nombre de Maisons ou Sociétés françaises ayant participé à la Foire est de.   52

Les exposants ayant fait construire de pavillons particuliers sont au nombre de   9

Les exposants étrangers représentent :

Japon . . . .   18 exposants
Siam.   1   —
Chine   1   —
Yunnan   30   —
Iles Philippines   12   —   62

Total des exposants 1.839

contre 1.345 en 1923.

Le Commissariat de la Foire a recueilli au cours de cette année une intéressante documentation et il a fait dresser un tableau comparatif des ventes effectuées au cours des années 1923-1924.

Si nous devons maintenant considérer l'ensemble de la Foire et tirer des conclusions, nous constatons que malgré l'accroissement du nombre des Pavillons, tous les stands ont été occupés.

Par ailleurs le nombre des participants a été sensiblement supérieur à l'année dernière.

Les affaires traitées ont-elles été en rapport avec le nombre des exposants ?

L'expérience nous a démontré qu'il est presque impossible de recueillir des indications précises.

Toutefois des déclarations faites par un certain nombre d'exposants il ressort une impression d'ensemble favorable qui nous permet d'affirmer — à quelques exceptions près — que les exposants ont tiré profit de leur participation à la Foire de 1924, profit qui doit être envisagé sous des points de vue différents suivant qu'il s'applique aux exposants étrangers et métropolitains ; ou à des exposants locaux, tels que : industriels, commerçants et exportateurs.

La Foire de 1924 a prouvé une fois de plus qu'elle était une œuvre d'intérêt général et le comité qui préside à ses destinées ne ménagera ni ses efforts ni sa peine pour lui donner chaque année un développement plus important.

Pour ce faire il compte sur l'appui de ceux qui jusqu'ici ont bien voulu lui faire confiance et l'aider dans sa tâche.

Le Comité.

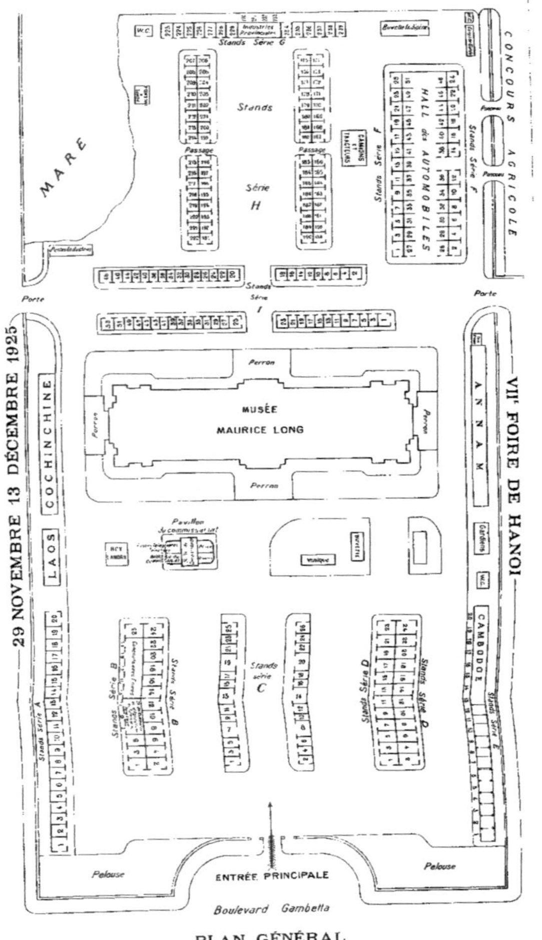

VIIᵉ FOIRE DE HANOI
29 NOVEMBRE 13 DÉCEMBRE 1925
PLAN GÉNÉRAL
CONCOURS AGRICOLE
MARE
W.C.
Industries Provinciales
Buvette de la Foire
Stands Série G
Stands
Série H
Passage
Passage
CAMIONS ET TRACTEURS
HALL des AUTOMOBILES
Stands Série F
Stands Série F
Porte
Porte
Stands Série I
Perron
Perron
Perron
Perron
MUSÉE
MAURICE LONG
Pavillon du commissariat
RCE AMBRE
Buvette
Musique
ANNAM
Gardiens
W.C.
CAMBODGE
Stands Série E
LAOS
COCHINCHINE
Stands Série A
Stands Série B
Stands Série B
Concours avec Primes
Stands série C
Stands Série D
Stands Série D
Pelouse
Pelouse
ENTRÉE PRINCIPALE
Boulevard Gambetta

HANOI FAIR 1924

□ □ □

REPORT of the COMMITTEES
upon the RESULTS of the FAIR

In spite of numerous difficulties they had to contend with the Committee contrived to carry on for the best the management of the Fair.

The achievement of the Program laid out for the year 1924 contained a very delicate item, to wit : decide the immediate neighboring countries of Indochina to send exhibitors for a participation to the Hanoi Fair — The Committee cannot but congralulate themselves for the first result attained and it is hoped that for the ensueing years after the impetus as has been once given, the attendance of Foreign Exhibitors is to become more and more numerous to this economical event.

Thanks to the subsidies granted to them, the Committee have been enabled to balance the Item « Exploitation » for, notwithstanding their efforts and a sensible rise in the rental fees of stands, it remains proven that the Hanoi Fair cannot live on its own resources.

During several years to come it shall therefore be necessary to rely on the support of those who take an interest to to its development.

To carry on our work we need together the moral and financial support of the Government of the different

Countries of the Union, of the Consular Corporation and the Municipalities.

Both have been freely given us —

The Governor General Merlin has kindly granted the Committee an allowance of 6o.ooo $ for the erection of six new pavilions, a construction that had become compulsory on account of the extension of the Fair.

The immedite goodwill with which, upon our request, the Governor of Cochinchina, the Residents Superior in Tonkin and Annam, the Presidents of the Chambers of Commerce of Tonkin, the Municipalities of Haiphong et Hanoi have answered our call, has been the unquestionable proof of the sympathy enjoyed by our Economical Manifestation which, established in 1898 by Mr. Pasquier, now Resident Superior in Annam, is givingto day such legitimate reasons of satisfaction.

Let everyone find in here the token of our gratitude together with our most sincere thanks, as we have been able, with the support thus afforded, to carry on our exploitation to a better achievement anderect some new pavilions, thereby giving the Fair an harmonious appearance and making it worthy of the aim it has been purportedto attain.

It is with just reason that we should read « it has been purportedto attain » as though it be in its sixth year of existence we cannot hope for such a development to be compared with the great Fairs of the Metropolis from which it differs on many points, for if it has been a view with the Hanoi Fair to acquaint the Colony with the products offered by the Local Metropolitan et Foreign exhibitors from the neighboring countries to Indochina and if the latter are thus enabled to realize the wealth of the Country and its capacities as well in products as in produces, it cannot be forgotten that it should first and foremost be a means to educate the native, and this is which is giving it its rather peculiar character.

The Fair must be a stimulus for the native manufacturers and artisans who are striving to produce manufactured goods liable to be employed as much for the local consumption as for the export trade — It has been made a grief to the Committee, not to have been strict enough towards some of the native exhibitors — Criticism is always easy... but the Committee have been obliged to take into account the mentality of natives and it is only little by little, and by a more et more severe regulation, that they shall be in a position to eliminate such exhibitors as are actually removing their shops from the City to the Fair grounds, into the stands by them rented.

It is only progressively that natives will come to under stand that only samples of their products or fabrication should thus be exposed.

Moreover, should they only actually exhibit but samples, that very few of them vould be prepared to take engagements inview of the delivery of well defined articles within such limits as fixed by the buyer.

This year the Committee are going to intensify the propaganda as well in the Metropolis as in the neighboring countries to Indochina.

It has been sent to the Metropolis (all Chambers of Commerce), Commercial notices besides numerous circulars giving all useful information regarding the Regulations.

To foreign countries : Japan, Netherland. Indies, China, Straits Settlements, Corea, Siam, it has been sent as much as 2.000 posters and 2.800 commercial notices in English et French Besides the advertising made in the papers of the Metropolis, China et Netherland Indies.

Such propaganda cannot give immediate results as in the Metropolis and abroad, as the Hanoi Fair must be known and it *commences only to be known.*

Our views have been forwarded by the French Chambers of Commerce abroad and particularly by those of the Philippines et Japan. Mr. Royer our « Attaché commercial» at Tokio has approached the Japanese Chambers of Commerce in view of the participation of their mandates to the Hanoi Fair and had a splendid portfolio issued to this effect. Let him receive right here the most sincere congralutations of the Committee.

Some of our Consuls have been very active and among others the French Consul of Manila.

Our official Catalogue has been as before very much appreciated by the public, 5.000 copies of which have been sent away, as much to the Metropolis as to the Countries hereinabove mentioned.

Desirous of developing for 1925 their service of propaganda, the Committee are at present studying the means of creating in France a sub Committee.

To such effect, the Chambers of Commerce of Marseille, Paris, Lyon, Bordeaux, le Havre, Dunkerque are to be called upon.

The Metropolitan Exhibitors are still reluctant as to their decision and this explains from the fact as already mentioned, that our economical manifestation hardly begins to be taken notice of ; on the other side, the irregularity of the Maritime Service between France and Tonkin is a very serious drawback.

The transhipment that occurs at Saigon for the goods loaded on Japan-bound ships is simply disastrous.

Metropolitan Exhibitors were unable to open their stands upon the Official inauguration day of the Fair owing to the want of goods which had however been forwarded from France in due time.

Japan, Philippine Islands et Yunnan answered the call of the Committee and officially took part to the Fair.

From China came a merchant of Tchefoo.

The Firm Monod Feller of Bangkok, through the medium of Denis Frères d'Indochine has sent us some samples of Paddyseeds, Wolfram et Tin, together with sundry industrial woods.

Negociations entered into with a big firm of Singapore did not come out.

Under the auspices of the Tokio Chamber of Commerce, Japan had reserved 10 stands in which 18 important Japanese Firms made an exhibit of their goods.

The chief articles offered to the public were, viz :
Aluminum et gold leafs, Artificial Pearls, Celluloid wares

Candies et Biscuits — Antimony et Nickel wares — Glass bracelets Earthenware et Satzuma — Enameled wares — Hosiery — Inlaid-wood work — Linen et muslins — Morocco leather goods — Rubber goods — Silk stuffs — Toys et Novelties — Porcelain —

Cotton stuffs of all descriptions :

Calicoes — Crepes — Fabrics — Muslins — Plain et Fancy cloths — Prints — Twills — Ticks — Tissues — Threads — Wadding — Waste etc.,
Canvas for aeroplanes — Canvas duck — Carpets — Eversharp pencils of solid silver and nickel — Flax et Hemp goods — Fire pump hose — Parasols — Pencils, Jewelry, Gold et Silverware — Glassware — Umbrellas — Sunshades — etc.

The Philippine Government officially joined the Fair and sent from Manila two delegates of the Board of Trade and Industry.

Quite a number of products were exhibited, chiefly: aerated drinks, biscuits, cigars, cigarettes, candies and confectionery, canned fruits, coconut oil, distillates, hats, hemp, industrial woods, jams, lace, mineral waters. matting, musical instruments, shellwares (lamps shades) textiles, tobacco.

The participation of Yunnan was effected under the auspices of the Yunnanese Government, of the French Chamber of Commerce of Yunnan et the Delegate of the Foreign Office at Yunnanfoo.

There were thus gathered over a score of exhibitors who brough in Furs, Porcelain, Tin wares, Jade, Copper Bronze and Ivory articles, Old curios, Carpets et Rugs, Blankets.

We have for a first time some good reason to be satisfied and though our present Customs tarifl may perchance be hampering the transactions liable to be entertained with our neighbors, we mean as though, to hope that our efforts will not have been vain and that the business that have been started up in the course of this Fair shall not show the transient character that some people mean to find to them. Countries of the Union have as before furnished a big effort chiefly in what concerns Laos et Annam.

For the first time, Laos was exhibiting a very interesting lot of textiles representing quite a number of tons — Indeed these textiles deeply interested manufacturers.

The General Public has been enabled to let himself be convinced of the future possibilities, and the inexhaustible resources contained in this immense country, resources that are not to be improved until the day when pratical means of communications shall connect it to the Coast.

Furthermore, are to be mentioned the samples of sticklac, another sylvan wealth, together with those of different kinds of tabacco which shall find a quite ready sale with the Hanoi Manufacture.

To be also noted the samples of sundry cereals, spices, coffee, vegetable oils and by-products, rosins, gums, tinctorial products, wood and underground produces.

The Laotian Scarfs gathered their usual share of success

and were deeply appreciated by the Public among which were sometimes raised rather lively disputes to obtain them.

The Annam Protectorate had also done things in good shape and the accommodations of the Pavilion were different from previous years !

One would find himself not before a Common exhibition stand but an actual Fair Pavilion were visitors could at a glance realize the possibilities of production from Annam.

The principal articles therein exposed were : Cotton, Crepes Cinnamon, Cast-iron et copper wares for native use. Embroideries Fibre Fans et Textiles, HUE sandals. Jars et Earthenwares, Mats, Ropes, Sticklac. Sateens, Silks, Salted et dried fish, Tobacco, Wood carvings.

To be noted that a French house, the Firm Fiard of Tourane had entrusted to the care of the Annam Delegate a consignment of teas of their own manufacture.

In the ANNAM PAVILION has been above all transacted business with natives and a marked increase of such transactions is anticipated for 1925.

In the COCHINCHINA PAVILION was exhibited Paddy, Rattan furniture, Rush mats, Tortoiseshell articles, Jayet wares, Sadec jewelry, agricultural implements, silks, sateens, silk-spuns, art bronze and copper, ceramic, together with sundry collections of the Forest Department of Cochinchina et from the Genetic Laboratory.

Important notice. — The private exhibitors who had entrusted the Delegate of Cochinchina with the representation of their firms were more numerous than formerly and some connections have been opened between the Banque de l'Indochine and sundry industrial concerns represented.

The **CAMBODIA EXHIBIT** enjoyed its usual success and visitors spoke endless praise upon the artful manner with which the articles and products of this country had been displayed.

It should be said that certain of the articles were particularly suitable for a fine showing and the sampots still carrying off the same vogue, represent sales of ever increasing figures.

The Section of Dried Fish has a marked tendency towards extension.

Some abuse having occured as regards articles bought in the Pavilions of the **UNITED COUNTRIES** before the opening of the Fair, your Board of Directors decided to forbid access to the grounds to the Public.

Therefore, from the 21st to the 30th. of November, until after the official inauguration, the only persons admitted into the Fair grounds were those provided with a pass or an invitation Card.

Such measure raised a few objections but thereafter the Public understood that it was necessary for the maintenance of order and realized that such decision had been taken only in the very interest of the Fair.

Some **TONKIN** Provinces-under the impulse of their Residents-are to good purpose pursueing their efforts.

Apart from the Provinces of **NAMDINH, HADONG, SONTAY** et **HUNGYEN**, the Province of **HAIZUONG** was exhibiting for the first time.

The provinces, satisfied with the result thus obtained have decided to increase for 1925 the number of their stands.

We are pleased to hereby deeply acknowledge the enterprising spirit of the Residents of these provinces who are inciting and encouraging natives towards production — The Competition for Prizes established in view of rewarding certain local et native industries has enabled the organizing Committee to ascertain the commercial evolution with the latter.

To this competition are admitted as a rule only such articles as those answering the needs of Commerce and Industry.

Thus, we happened to see an important firm of ceramic exhibiting, not articles of an industrial character they are making regularly, but some so-called « artistic wares » more or less well worked out and of a doubtful taste.

This firm was not the only one to make such mistake.

The Jury showed themselves very strict and the premiums awarded were quite scarce.

From some rumors, the business figures of the Fair were going to be much below those of last year.

Such an estimate was based upon the so-called decrease in the number of visitors.

This was all a mistake as it mattered to take into account that the erection of the new buildings had obviously increased thereby the area of the Fair Grounds, and Visitors were of course scattered over a much larger area.

It is to be noticed that it has been in the course of the 4 or 5 days during which it seemed that the Fair showed

a lack of animation that the actual deals have been transacted.

To compare with the figure of 1923 this year's is only
wanting by 118.934 fr. 10, a difference nearly unsignificant,
but which we mean to point out for the sake of clearness
and truthfulness of our Report.

Natives inradicated into their methods committed the
same mistake as in the previous years, and notwithstanding
advices simply strewn upon them, maintained the figures
of their selling prices, some of which were by far too high.

Besides, the rate of the Dollar hampered purchases
with Europeans.

On the native side, floods, that simply ruined some
wealthy provinces, very likely reduced their buying capacities.

The figures hereinafter given, represent the total and
accurate amount of the transactions, as much foreward as
ready, that have occured through the course of the present
Fair, as a result gathered from declarations made by the
Exhibitors themselves. Howsœver it is to be noted that the
information furnished by some native firms is certainly
below accuracy, as these — from the items got up by
ourselves — feared that the Committee might thereafter
collect a tax on their sale figures or that owing to avowed
declarations the rental fee of stands might have been
increased furtheremore.

This once being said, the amount of transactions, as
much forward as ready, effected in the course of the Fair
of 1924 comes up to :

135.015 $ 49. . . . . . . and . . . . .　　2.014.220 fr. 00

at the average rate of 10 fr. 14. . .　　1.369.057　　07

Total. . . . .　　3.383.277　　07

In 1923 the same amount reckoned
in francs totalized . . . .　　3.502.211 fr. 24

For the year 1924 the total of vou-
chers represents. . . . .　　3.383.277　　07

The difference against 1924 is the-
refore less than for 1923 by. . . . . . .　　118.934 fr. 17

The figures special for each particular Stand are as follows :

	1924	as against.	1923
CAMBODIA	12.000 $	»	20.000 $
COCHINCHINA .	4.020	»	3.000
ANNAM	5.514	»	3.900
LAOS	4.500	»	2.695
Total.	26.034 $	as against.	29.599 $

One may notice that the amount of transactions effected at the Stands of ANNAM, COCHINCHINA and LAOS is on the rise.

The discrepancy of transactions Stands for the fact that the amount of articles imported has been much less than for 1923.

Native exhibitors including those of the private stands from United Countries and Tonkin Provinces.
numbered.   1716
Prench Firms et Concerns having afforded par-
   ticipation to the Fair   52
Exhibitors for which private pavilions have been
   erected.   9

Foreign exhibitors represent :

JAPAN   18
SIAM   1
CHINA.   1
YUNNAN.   30
PHILIPPINE ISLANDS.   12

Total.   62

Grand total of Exhibitors   1839

as against 1345 in 1923

The Fair Committee has in the course of this year gathered some interesting information and had a Schedule made out to compare the sales effected in the course both of the year 1923 et 1924 attached herewith.

If we must now consider the whole of the Fair and draw conclusions we realize that notwithstanding the increase in the number of Booths all of the stands have been occupied.

Moreover the number of memberships has been somewhat higher than last year.

Have business transactions been in proportion with the number of exhibitors ?

Experience has shown that it is nearly sheer impossibility to gather accurate information.

However, from statements made by a certain number of exhibitors, appears the general impression to be favorable from which we are allowed to assert that apart from a few exceptions — exhibitors have derived a benefit from their participation of the Fair of 1924, benefit that must be looked upon under different viewpoints, whether it applies to foreign and metropolitan exhibitors or to local exhibitors such as : manufacturers, merchants, and exporters.

The Fair of 1924 has proven once more that it was a matter of general interest and the Committee who preside to its destinies shall spare neither efforts nor trouble to give it every year to come an ever increasing development.

For so doing, the Committee are relying upon the support of those who have been heretofore kind enough to entrust them with their confidence and help them through their labours.

THE COMMITTEE

I.D.E.O. — HANOI